I Know God is Able, But Will He Do It For Me?

Larry White

Copyright © 2014 by Larry White

I know God is able, but will He do it for me?
by Larry White

Printed in the United States of America

ISBN 9781498409995

All rights reserved solely by the author. The author guarantees all contents are original and do not infringe upon the legal rights of any other person or work. No part of this book may be reproduced in any form without the permission of the author. The views expressed in this book are not necessarily those of the publisher.

Scripture quotations taken from the King James Version (KJV) – public domain

Contact the author:larrywhite92@gmail.com

www.xulonpress.com

INTRODUCTION:

Do you recall the times when your friends or family members called upon you to pray and get into agreement with them about a certain situation. They needed the hand of God to move on their behalf. You were so confident and sure that you had no problem in believing that God's hand would move for them. Now you find yourself in a situation that you need God to move on your behalf. It may be for finances, healing for your body, deliverance or for a spiritual break through, etc. And during the process of standing on the word of God this thought comes to your mind. "I know God is able but, will He do it for me?"

Did you notice that it was much easier to pray and believe God on the behalf of others, but when it come time to believe God for yourself there was that doubt because of that thought. Well, you are not the first one that has ever had to deal with that thought. Maybe the reason that you found it easy to believe God in those situations was perhaps you didn't have as much on the line as they did. But what ever the case maybe you have to know and believe that God keeps His word. He is true to His word and He is faithful to His children. You have to renew your mind to the things that God has said about you, your situation and circumstances.

CHAPTER ONE
RENEWING YOUR MIND

The renewing of the mind is the first step. You have to change the way you think about yourself and about your situation and circumstances. This truth is vitally important because the mind is the battle ground. In the book of Proverbs 23:7, it says that "for as he thinks in his heart so is he". The way you think about yourself, your situation and circumstances is going to determine your out come, victory or defeat.

RENEWING THE MIND (THE PROCESS)

Have you ever heard someone use the phrase "They have been brain washed" or "They have been brain washed into thinking this or that". Well, what has really happened is that the individual has become fully persuaded or convinced into thinking a certain way by the renewing of their mind. That's the way God wants you to be when it comes to believing what He has said about you, your situation, your circumstances and His word.

The process [renewing the mind] occurs when you meditate on God's word. Now the word meditate in the Hebrew language means to mutter or repeat over and over to yourself. It also means to be in deep thought. In the book of [Joshua 1:8] it says that if you meditate on

God's word you would make your way prosperous and have good success. And in the book of [Psalms 1:2-3] it says that you will be like a tree planted by the rivers of water and brings forth fruit in your season, your leaf will not wither; and what ever you do will prosper.

Let's look closer at what is happening when you meditate on the Word of God. By meditating on God's word you are feeding your spirit man and you are also painting a new image, a God-desired image on the canvas of your mind. Your self image will change. You will begin to view yourself in the same light that your heavenly Father views you, your situation and circumstances. For example: If you are facing health problems, find the scriptures in the Word of God that covers your situation. [1 Peter 2:24] says that "by whose stripes [Jesus's] stripes you were healed". Begin to meditate on that truth day and night, and you will begin to see yourself healed. Remember, you are painting a new image, a God-desired image on the canvas of your mind.

If you are facing financial problems, the same principal applies. Find scriptures that pertain to your situation or circumstance and meditate on them and as you continue to do so you will begin to see yourself with rather than being without. You will begin to see your situation and circumstance change. In [Philippians 4:19] the writer says "My God shall supply all of your needs according to his riches in glory by Christ Jesus". As you meditate on this truth begin to believe that all of you needs are being met.

CHAPTER TWO
YOU AND THE PAST

The enemy will use your past against you. Why? Because he knows that the past has power, it can determined the out come of your future. Please note that the past has the power to lame and cripple you for life and the enemy is fully aware of this. The word past is defined as, gone by; ended, a former time; history. Please know this, that God is not holding your past against you. Let's look at what the Word of God has to say about your past. In the book of [Isaiah 43:25] "I, even I, am he that blotteth out thy transgressions for mine own sake, and will not remember your sins." My brother and sister God is not keeping record of your past. King David said in the book [Psalms 103:12] "As far as the east is from the west, so far hath he removed our transgressions from us." Now notice that King David did not say "as far as the north from the south", that's because the distance between the north and south is measurable [North Pole and South Pole]. But the distance between the east and west runs on for infinity. There is no measurable distance between the two! Let's look at another passage of scripture that addresses you and your past. [2 Corinthians 5:17] The Apostle Paul writes "Therefore if any man be in Christ, he is a new creature:" and in the 21st verse of the same chapter Paul says "For he [God] hath made him [Jesus] to be sin for us, who knew no *sin;* that we [you] might be made the righteousness of God in him". This is known as the great exchange. Exchanging your sins for His [Jesus'] righteousness. The Apostle Paul goes on to write in the book of [Colossians 1:14] "In whom [Christ] we [you] have redemption through his blood, even the forgiveness of sins:" John the Apostle says in [1 John 1:9] "If we [you] confess our sins, he [God] is faithful and just to forgive us our sins, and to cleanse us from all unrighteousness". Not only does the blood of Jesus cleanse away our sins but the blood of Jesus puts you back in rightstanding with God the Father. So when God sees you, he sees Jesus. He doesn't see your sin. Now notice that these Apostles are not talking to the nonbelievers or sinners but they are talking to the believers, the Christians, the saints of the church.

CHAPTER THREE

WHAT YOUR FATHER THINKS OF YOU

It's very important for you to know what God [the Father] thinks of you! You have to understand that He doesn't see you as a failure. He doesn't think of you as a nobody or a looser. The truth of the matter is that God your Father thinks the world of you. You are so special that He sent His only son [Jesus] to die on the cross for you [John 3:16]. When you read in the book of Genesis you will see what it says about man [you] when God created him. [Genesis 1:26] "And let us make man in our image, after our likeness. Now the word image in the Webster's Dictionary means to copy, a representation of a person. The word likeness in the Webster's Dictionary means: a being like, the same form, a copy. God created you to be a duplication of Himself. That's right, you are created in the God class. That's very special, in fact you are so special that no one else has or ever will have your finger print. Let's look at more scripture and see what your Father God thinks of you.

In the book of [Zechariah 2:8] God's children are discribed as being the apple of His eye! Wow that's really awesome when you think about it. That means that you are in the center of your father's eye. His focus is centered entirely on you. Think about this for a moment. If you are the center of His eye then you are the center of His thoughts as well. The awesome truth is that God loves you! [Revelations 1:6] says that we have been made kings and priests. Yes, you have royal blood flowing through your body. According to Father God you are royalty! You are not just an ordinary person, or ordinary child. You are a child of the Kingdom of God. [Romans 8:17] says that we are heirs of God and joint heirs with Christ. [Galatians 4:7] says that God doesn't see you as a servant but a son, an heir of God though Christ. Now that's something to shout about!

CHAPTER FOUR

YOUR SITUATION AND CIRCUMSTANCE

The word situation can be defined as a location, position, condition with regard to circumstances. You must understand that situations and circumstances change...they don't last forever. They are subject to change and in the life of a Christian they [situation and circumstances] are subject to the mighty Word of God. You must understand that first there has to be change on the inside of you with the Word of God, then comes the power to change the situation and circumstances that surrounds you. Paul said that the things that are seen are temporal, [2 Corinthians 4:18] or limited by time. This means that the situation or circumstance will only last for a season because it is governed by the power of the Word of God working in you. Have you ever wondered why Jesus told his disciples that they could speek to the mountains, command trees to be plucked up and planted into the sea and they would obey them? Well, in Genesis the first chapter God gave man the assignment of dominion. That's why Jesus told his disciples that they had the authority to do such things and expect something to happen. The word dominion literally means to rule or power to rule. You were not created to be dominated by other humans or situations and circumstances. You were created to dominate! Yes that's right, God wants you and I to dominate, have dominion over your situations and circumstances with His Word until they come into obedience and line up with His Word!

CHAPTER FIVE

THEY ARE LIVING ON THE INSIDE OF YOU

You must become conscience of who is on your *side* and who is on the *inside*. You must realize that God the Father, Jesus the Savior and the Holy Spirit the Teacher are all taking up residence in you at this very moment. Don't be startled, but it's true. The author of all creation, the power that raised Christ from the dead abides in you. I realize that this truth may be difficult for you to come to grips with but it's true. But don't take my word for it, see for yourself. I want to back these truths up with the Word of God. Look at [St. John 14:23] Jesus says "If a man love me, he will keep my words: and my Father will love him, and we will come unto him, and make our abode with him". The word abode means a [home] or to take up residence. Let's see what the Apostle Paul had to say about the resident you have on the inside you. [Romans 8:16] "The Spirit itself beareth witness with our spirit, that we are the children of God". That witness takes place on the inside of you my brother and sister. In the 17th verse Paul goes on to say "-and if children then heirs; heirs of God, and joint-heirs with Christ". Understand that the Holy Spirit not only reveals the reality of who Jesus is and that he and the Father is in us but, he [Holy Spirit] also reveals the reality of who we are in Christ as well.

Paul goes on to write in [1 Corinthians 3:16] "Know ye not that ye are the temple of God, and that the spirit of God dwelleth in you?" And in [2 Corinthians 6:16] Paul says "And what agreement hath the temple of with idols? for ye are the temple of the living God; as God hath said, I will dwell in them, and walk in them; and I will be their God. and they shall be my people". My friend God loves you and He wants you to be a success in every area of your live. You are his child and he will do anything for you as long as it is in his will and healing, deliverance, finacial prosperity and the salvation of your family is all in his will, in [Ephesians 3:20] Paul writes "Now unto him that is able to do exceeding abundantly above all that we ask or think, according to the power that worketh in us". That power that is on the inside of you can be described as resurrection power, world overcoming power, conquering power, deliverance power. It is the burden removing, yoke distroying power of all mighty God! I realize that it may be difficult for the human mind to deal with this truth but that's the way it is. Now you have just read that you have the entire God head living on the inside of you. That's why the Apostle John wrote in [1 John 4:4] "greater is he that is in you, than he that is in the world". I'm going to ask you to do something and that is to give this awesome power something to do! Turn it loose on your problems, your troubling situation and circumstances, let it bring you into complete victory in every area of life.

CHAPTER SIX

WHY GOD WILL DO IT FOR YOU

In this chapter I will list four key truths why God the Father will do it for you. It is vitally important for you to get these truths down into your spirit.

Truth #1 His Love For You:

You have to come into the knowledge and truth about the love God has for you. In the third chapter of John's Gospel and the sixteenth verse Jesus shared an important truth about the Father's love for all of humanity. He said, "God [your Fatherl so loved the world that He [your Father] gave His only begotten son to die for the world [you]. This means that God loved you so much and found you so valuable that he gave His most prized procession his son [Jesus]. That's how special and precious you are to your Father. In fact you are so valuable and precious in the sight of God that, money, gold, silver or the world's most precious jewels couldn't pay your ransom. It took the blood of Jesus…the blood of a King! Let me point out that that's not ordinary blood my friend, that is royal blood! That's how much Father God loves you! Let me ask you this question: What man or woman do you know who would offer up their child as a ransom, especially for someone they don't even know? Father God spared no expense on your behalf!

Truth #2 He Is Bound By His Word:

In the book of [Jeremiah 1:12] it says that God is watching over his word to perform it. In [Numbers 23:19] the writer says "God is not a man, that he should lie; neither the son of man, that he should repent: has he said it, and shall he not do it? or has he spoken it and shall he not make it good?" So whatever the world or the enemy has said about you, your situation and circumstances, it doesn't change or alter what God has said about you, your situation and circumstances. In the book of [Psalms 119:89] it says "Forever, O Lord, your word is settled in heaven". It's a done deal as far as your Heavenly Father is concerned! Let's look at more scripture that supports this truth. [Luke 16:17] Jesus said that it would be easier for the heavens and the earth to pass away than for one letter in the law or God's word to fail. My friend if there is one thing that you can count on in this world, it's God's unchanging word! In the book of [Proverbs 6:2] the writer says that you are snared or trapped by the word or words that comes out of your mouth. Well the same thing applies to God the Father. When he has said something he has to remain true to his word. He is trapped or held captive by his word or words that has come out of his mouth. Let's look at other scripture that solidifies this truth. In the book of [Hebrews 6:13-14] it says that God could not find no one greater to swear by so God swore by himself. You see God had made a promise to Abraham that he would always keep his word to him [Abraham] and his seed or children

[you]. So whenever you come before the Father with a request, he remembers the promise that he made Abraham thousands of years ago!

Reason #3 Their Name Is On The Line:

God's name and reputation is on the line. Throughout the Old Testament you see the phrase "For my name sake". God has to prove himself to you in the same capacity as he has with everyone else in the Bible. In the Old Testament He did amazing feats to prove to the children of Israel that His name could be trusted. In the book of [Romans 2:11] the Apostle Paul said "For there is no respect of persons with God". God cannot do something for someone and not do it for you. He can't love this person over here and not love that person over there. God's name is designed to produce whatever you need at the time. If you need healing, His name becomes healer. If you need deliverance, His name becomes deliverer. If you need family restoration, His name becomes restoration. If you need salvation His name becomes salvation. Whatever you need, that's what His name becomes.

Jesus' name is also on the line. In [Philippians 2:9] it says that God has given him [Jesus] a name that is above every name. Yes, His name is above your situation and circumstances, it is above whatever you are facing right now. Jesus said in the Gospel of [John 14:13-14] "Whatever you ask the Father in my *name I will do it*." Jesus says in [John 16:23] that "What ever you ask the

Father in my *name* He [Father God] *will give it to you.*" God wants you to know that He and all of heaven is backing the name of Jesus. His name can't fail!

Reason #4 They Are On Your Side:

That's right, the entire Godhead is on your side. This means that God [the Father], Jesus [the King of kings] and the Holy Spirit are all supporting you. Let's look at some scripture to support this truth. In the book of [Romans 8:26] it says that the Holy Spirit is making intercession for you. In the 31st verse of that chapter it says that "If God be for you, who can be against you"? In the 34th verse of that same chapter it says that Christ is at the right hand of the Father making intercession for you! You see my friend, there is no way that your Heavenly Father will not do whatever it is you need done. The truth of the matter is is that He wants to do it for you. They [The Father, Son, Holy Spirit] are all on your side, wanting you to be victorious in any and all situations and circumstances. With them on your side you can't fail. Amen!

Conclusion

If you want to be adopted into the family of God all you have to do is ask. All you have to say is: Jesus I know you went to the cross for me. You died that I may have life. Please come into my heart.

If you've said that simple prayer your life will never be the same. Now your name is written in the Lamb's Book of Life.

Yo sé
Que Dios es capaz,
Pero, ¿lo hará por mí?

Larry White

Yo sé
Que Dios es capaz, Pero,
¿lo hará por mí?

Larry White

INTRODUCCIÓN:

¿Recuerdan los tiempos en que sus amigos o miembros de su familia le invitaron a orar y a llegar a un acuerdo con ellos sobre cierta situación? Necesitaban que la mano de Dios obrara en su nombre. Estaban tan confiados y seguros que no era ningún problema creer que la mano de Dios obraría por ustedes. Ahora se encuentran en una situación en la cual necesitan que Dios obre por ustedes. Puede ser por sus finanzas, sanación para su cuerpo, liberación, o un descubrimiento espiritual, etc. y durante el proceso de creer en la palabra de Dios este pensamiento viene a sus mentes, "Yo sé que Dios es capaz, pero ¿lo hará por mí?"

¿Notaron que era mucho más fácil orar y creer en Dios en nombre de otros, pero cuando es hora de creer en Dios por ustedes mismos, dudaron por culpa de ese pensamiento? Bien, ustedes no son los primeros que han tenido que tratar con ese pensamiento. Tal vez la razón por la que resultaba fácil creer en Dios en esas situaciones era que no tenían tanto que perder como ellos. Pero cualquiera que sea el caso, deben saber y creer que Dios cumplira su palabra. Él es fiel a su palabra y es fiel a Sus hijos. Usted tiene que renovar su mente a las cosas que Dios dice acerca de usted, su situación y circunstancias.

CAPÍTULO UNO

RENOVACIÓN DE LA MENTE

La renovación de la mente es el primer paso. Usted tiene que cambiar la forma de cómo piensa acerca de usted mismo y sobre su situación y circunstancias. Esta verdad es de vital importancia porque la mente es el campo de batalla. En el libro de Proverbios 23:7, dice "Porque así como Èl piensa en su corazón así es Èl". La manera de pensar sobre ustedes mismos, sus situaciones y las circunstancias van a determinar su resultado, la victoria o la derrota.

Renovación de la mente (El Proceso)

¿Alguna vez han escuchado a alguien usar la frase "Le han lavado el cerebro", o, "le han lavado el cerebro haciéndolo pensar en esto o aquello". Bueno, lo que verdaderamente ha ocurrido es que el individuo ha sido plenamente persuadido o convencido a pensar de cierta manera por el proceso de renovación de su mente. Esa es la manera que Dios quiere que sean cuando se trata de creer lo que Él ha dicho sobre ustedes, sus situaciones, sus circunstancias, y su palabra. El proceso [la renovación de la mente] ocurre cuando meditan sobre la Palabra de Dios. Ahora, la palabra meditar en el idioma hebreo significa murmurar o repetirse una y otra vez a ustedes mismos. También significa estar en profunda meditación. En el libro de [Josué 01:08] dice que si meditamos sobre la palabra de Dios, harán mejorar sus senderos y tendrán éxito. Y en el libro de [Salmos 1:2-3] dice que van a ser como un árbol plantado junto a corrientes de agua, dará fruto en sus estaciones, sus hojas no se marchitarán; y lo que ustedes hagan saldrá a flote.

Miremos de cerca lo que sucede cuando meditan sobre la Palabra de Dios. Al meditar sobre la palabra de Dios están alimentando a su espíritu de hombre y también dibujan una nueva imagen, una imagen deseada de Dios en el lienzo de sus mentes. La imagen de usted mismo cambiará. Comenzarán a verse a sí mismos en la misma luz que el Padre celestial lo ve a ustedes, a sus situaciones y circunstancias. Por ejemplo: Si se enfrentan a problemas de salud, encuentren las escrituras en la Palabra de Dios que cubre su situación. [1 Pedro 2:24] dice que "Y por cuya herida [de Jesús] fuisteis sanados". Comiencen a meditar en esa verdad día y noche, y comenzarán a verse sanados. Recuerden, están dibujando una nueva imagen, una imagen deseada por Dios a en el lienzo de sus mentes.

Si están enfrentando problemas financieros, aplica el mismo principio. Encuentren las escrituras que se refieren a su situación o circunstancia y mediten sobre ellas y a medida que continúen haciéndolo, comenzarán a verse a sí mismos en lugar de estar afuera. Comenzarán a ver cambios en sus situaciones o circunstancias. En [Filipenses 4:19] el escritor dice "Mi Dios suplirá todas sus necesidades conforme a sus riquezas en gloria por Cristo Jesús". Al meditar sobre esta verdad comiencen a creer que todas sus necesidades están siendo satisfechas.

CAPÍTULO DOS

USTED Y EL PASADO

El enemigo va a usar el pasado en su contra. ¿Por qué? Porque él sabe que el pasado tiene poder, puede determinar el resultado de su futuro. Por favor tengan en cuenta que el pasado tiene el poder de lisiarlos de por vida, y el enemigo está plenamente consciente de ello. La palabra "pasado" se define como, término, un tiempo anterior; la historia. Por favor sepan esto, Dios no usa a su pasado en contra de ustedes. Miremos lo que la Palabra de Dios tiene que decir acerca de su pasado. En el libro de [Isaías 43:25] "Yo, hasta yo, yo soy el que borró sus rebeliones por mi propio beneficio, y no me acordaré de sus pecados" Mis hermanos y hermanas, Dios no tiene registro de sus pasados. El Rey David dice en el libro [Salmos 103:12] "Como se distan el oriente del occidente, así hizo alejar de nosotros nuestras rebeliones" Ahora noten que el rey David no dijo "como dista el norte del sur", y esto es porque la distancia entre el norte y el sur se puede medir [Polo Norte y Polo Sur]. Pero la distancia entre el este y el oeste continúa en el infinito. ¡No hay una distancia medible entre los dos! Miremos otro pasaje de las Escrituras que trata de ustedes y sus pasados. [2 Corintios 5:17] El apóstol Pablo escribe "por tanto si algún hombre está en Cristo, es una nueva criatura". Y en el versículo 21 del mismo capítulo, Pablo dice que Él [Dios] lo hizo a Jesús ser un pecado por nosotros, quien no conoció pecado; que nosotros [ustedes] podrían ser hechos justicia de Dios en Él". Esto se conoce como el gran intercambio. El intercambio de sus pecados por su [Jesús] justicia. El apóstol Pablo escribe en el libro de [Colosenses 1:14] En quien [Cristo] tenemos redención por su sangre, hasta el perdón de los pecados": Juan el Apóstol dice en [1 Juan 1:9] "Si [nosotros, ustedes] confesamos nuestros pecados, Él [Dios] es fiel y justo para perdonar nuestros pecados, y limpiarnos de toda maldad". No sólo la sangre de Jesús purifica nuestros pecados, sino la sangre de Jesús vuelve a poner en redención con Dios Padre. Así que cuando Dios los mira, ve a Jesús. Él no ve sus pecados. Ahora noten que estos apóstoles no están hablando con los no creyentes o los pecadores, sino que están hablándole a los creyentes, los cristianos, los santos de la iglesia.

CAPÍTULO TRES

LO QUE SU PADRE PIENSA DE USTEDES

¡Es muy importante que ustedes sepan lo que Dios [el Padre] piensa de ustedes! Ustedes tienen que entender que Él no los ve como un fracaso. Él no piensa de ustedes como un "don nadie" o unos perdedores. La verdad del asunto es que Dios, su Padre piensa en el mundo de ustedes. Son tan especiales que envió a su único hijo [Jesús] a morir en la cruz por ustedes [Juan 3:16]. Cuando leen el libro del Génesis verán lo que dice sobre el hombre [ustedes] cuando Dios los creó. [Génesis 1:26] "Y hagamos al hombre a nuestra imagen y semejanza". Ahora la palabra imagen en el diccionario Webster significa copiar, una representación de una persona. La palabra semejanza en el diccionario Webster significa: un ser como; de la misma forma, una copia. Dios los creó para ser una copia de Él mismo. Así es, son creados a semejanza de Dios. Eso es muy especial, de hecho, son tan especiales que nadie más tiene o tendrá sus huella digitales. Miremos más escrituras y veremos lo que su Padre Dios piensa de ustedes.

En el libro de [Zacarías 2:8] los hijos de Dios se describen como ¡la niña de sus ojos! Increíble, eso es realmente impresionante cuando lo piensan. Esto significa que ustedes están en el centro de los ojos de su padre. Su enfoque se centra exclusivamente en ustedes.

Reflexionen sobre esto por un momento. Si usted es el centro de Su ojo, entonces son el centro de Sus pensamientos también. La asombrosa verdad es que Dios ¡los ama! [Revelaciones 01:06] dice que hemos sido hechos reyes y sacerdotes. Sí, usted tiene sangre real fluyendo por sus cuerpos. Según el Padre Dios, ustedes son ¡realeza! Ustedes no son sólo personas comunes y corrientes, o niños normales. Ustedes son criaturas del Reino de Dios. [Romanos 08:17] dice que somos herederos de Dios y coherederos con Cristo. [Gálatas 4:7] dice que Dios no los ve como sirvientes, pero como hijos, herederos de Dios a través de Cristo. Ahora, ¡eso es algo para celebrar!

CAPÍTULO CUATRO

SUS SITUACIONES Y CIRCUNSTANCIAS

La palabra situación se puede definir como una ubicación, posición, condición con respecto a las circunstancias. Deben entender que las situaciones y las circunstancias cambian... no duran para siempre. Ellos están sujetos a cambios y en la vida de un cristiano las situaciones y las circunstancias están sujetas a la poderosa Palabra de Dios. Ustedes deben entender que primero tiene que haber un cambio en el interior de ustedes con la Palabra de Dios, entonces viene el poder para cambiar la situación y las circunstancias que les rodean. Pablo dijo que las cosas que se ven son temporales, [2 Corintios 4:18] o limitadas por el tiempo. Esto significa que las situaciones o circunstancias sólo durarán una temporada, ya que se rigen por el poder de la Palabra de Dios obrando en ustedes. Se han preguntado ¿Por qué Jesús dijo a sus discípulos que podían hablarle a las montañas, ordenarle a los árboles a ser arrancados y plantados en el mar y los iban a obedecer? Pues bien, en Génesis el primer capítulo, Dios le dio al hombre la tarea de dominio. Por eso Jesús les dijo a sus discípulos que tenían la autoridad para hacer esas cosas y esperar que algo suceda. La palabra dominio literalmente significa gobernar o el poder de gobernar. No fueron creados para ser dominados por otros seres humanos o situaciones y circunstancias. Ustedes fueron creados para ¡dominar! Eso es correcto, Dios quiere que ustedes y yo dominemos, tengamos dominio sobre nuestras situaciones y circunstancias con su Palabra hasta que entren en la obediencia y estén de acuerdo con ¡Su Palabra!

CAPITULO V

VIVEN EN SU INTERIOR

Ustedes deben convertirse en la conciencia de quien está de su lado y de quien está en su interior. Ustedes deben darse cuenta que Dios Padre, Jesús, el Salvador y el Espíritu Santo el Maestro están todos situados dentro de ustedes en este mismo momento. No teman, pero es cierto. El autor de toda la creación, el poder que levantó a Cristo de entre los muertos habita en vosotros. Reconozco que esta verdad puede ser difícil para que ustedes la acepten, pero es cierto. Pero no tomen mi palabra por esto, véanlo por ustedes mismos. Quiero respaldar estas verdades con la Palabra de Dios. Miren a [San Juan 14:23] Jesús dice: "Si alguno me ama, guardará mis palabras: y mi Padre le amará, y vendremos a él, y haremos aposento con él". La palabra aposento significa [casa] o tomar residencia. Miremos lo que el apóstol Pablo tuvo que decir acerca del residente que tienen en su interior. [Romanos 8:16] "El Espíritu mismo da testimonio a nuestro espíritu que somos hijos de Dios". Ese testimonio se lleva a cabo en su interior, mis hermanos y hermanas. En el versículo 17 Pablo continua "y si los niños herederos; herederos de Dios y coherederos con Cristo". Entiendan que el Espíritu Santo no sólo nos revela la realidad de quién es Jesús y que Él y el Padre está en nosotros, pero Él [el Espíritu Santo] también pone de manifiesto la realidad de lo que somos en Cristo también. Pablo continua en [1 Corintios 3:16] ¿No sabéis que sois templo de Dios, y que el espíritu de Dios mora en vosotros? Y en [2 Corintios 6:16] Pablo dice: "Y ¿qué acuerdo hay entre el templo de los ídolos? Porque vosotros sois el templo del Dios viviente, como Dios dijo: Yo moraré en ellos, y caminaré en ellos, y yo seré su Dios, y ellos serán mi pueblo". A mis amigos Dios le ama y quiere que ustedes tengan éxito en cada área de sus vidas. Son sus hijos y él hará cualquier cosa por ustedes, siempre y cuando esté en su voluntad y la sanidad, liberación, prosperidad financiera y la salvación de sus familias, están todos en su testamento, [Efesios 3:20] Pablo escribe "Y a Aquel que es poderoso para hacer infinitamente más de lo que pedimos o entendemos, según el poder que actúa en nosotros". Ese poder que está en el interior de ustedes puede ser descrito como el poder de la resurrección, el poder mundial de superación, el poder de conquista, el poder de liberación. Se trata de la eliminación de la carga, el poder del yugo destructor de ¡Dios todo poderoso! Entiendo que puede ser difícil para la mente humana aceptar esta verdad, pero es así. Ahora acaban de leer que ustedes tienen toda la vida de Dios en sus interiores. Por eso el apóstol Juan escribió en [04:04 John 1] "Mayor es Él que está en vosotros, que el que está en el mundo". Les voy a pedir que hagan algo, y eso es que le den algo que hacer a este ¡increíble poder! Desencadénenlo a sus problemas, su preocupante situación y las circunstancias, dejen que los lleven a la victoria completa en todos los ámbitos de sus vidas.

CAPÍTULO VI

¿POR QUÉ DIOS LO HARÁ POR USTEDES?

En este capítulo voy a enumerar cuatro verdades fundamentales sobre por qué Dios Padre lo hará por usted. Es de vital importancia que ustedes acojan estas verdades profundamente dentro de sus espíritus.

Verdad # 1 Su amor por ustedes:

Tienen que conocer la verdad sobre el amor que Dios tiene para ustedes. En el tercer capítulo del Evangelio de Juan, y el versículo dieciséis Jesús compartió una verdad importante acerca del amor del Padre para toda la humanidad. Él dijo "Dios [su Padre] tanto amó al mundo que Él [Su padre] le dio a su Hijo unigénito para que muriera por el mundo [ustedes]. Esto significa que Dios les ama tanto y los considera tan valiosos que ha dado a Su posesión más preciada, su hijo [a Jesús]. Así de especiales y preciados son para Su Padre. De hecho, ustedes son tan valiosos y preciados ante los ojos de Dios, que el dinero, oro, plata o las joyas más preciosas del mundo no podrían pagar su rescate, requirió la sangre de Jesús... la sangre de un ¡Rey! Permítanme señalar que esa no es sangre común mis amigos, esa es sangre ¡Real! ¡Así de mucho les ama el Padre Dios! Permítanme hacerles una pregunta: ¿Qué hombre o mujer conocen que ofrecerían a su hijo como rescate, especialmente para alguien que incluso no conocen? ¡Dios Padre no escatimó en gastos en su nombre!

Verdad # 2 Él está obligado por Su palabra:

En el libro de [Jeremías 1:12] se dice que Dios cuida de su palabra para ponerla en obra. En [Números 23:19] el escritor dice que Dios no es hombre que mienta, ni hijo de hombre, que se arrepienta: ¿Que lo haya dicho, y no lo haga? o ha hablado y no lo ejecutará. Así que lo que el mundo o el enemigo ha dicho sobre ustedes, su situación y circunstancias, no cambia o altera lo que Dios ha dicho sobre ustedes, su situaciones y circunstancias. En el libro de [Salmos 119:89] dice "Para siempre, oh Señor, tu palabra perdura en el cielo". ¡Es un hecho según su Padre Celestial! Miremos más escrituras que apoyan esta verdad. [Lucas 16:17] Jesús dijo que sería más fácil que los cielos y la tierra pase que una letra en la ley o la palabra de Dios fracase. Mis amigos, si hay una cosa en la que ustedes pueden confiar en este mundo, es ¡la palabra inmutable de Dios! En el libro de [Proverbios 06:02] el escritor dice que están atrapados por la palabra o palabras que salen de sus bocas. Bueno, lo mismo aplica a Dios Padre. Cuando él ha dicho algo tiene que seguir siendo fiel a Su Palabra. Él está atrapado o cautivo por Su Palabra o Palabras que salen de su boca. Miremos otra escritura que solidifica esta verdad. En el libro de [Hebreos 6:13-14] dice que Dios no pudo encontrar ninguno más grande que jurara por Dios, por eso lo juró por sí mismo. Ustedes ven que Dios había hecho una promesa a Abraham que Él siempre cumplirá su palabra a él [Abraham] y su descendencia o hijos [ustedes]. Así que cuando se presenten ante el Padre con una petición, ¡recuerden la promesa que hizo Abraham hace miles de años!

Razón # 3 Sus nombres están en juego:

La reputación de Dios y su nombre están en juego. A lo largo del Antiguo Testamento ven la frase "En mí nombre". Dios tiene que demostrar su validez a ustedes en la misma capacidad que Él tiene con todos los demás en la Biblia. En el Antiguo Testamento hizo promezas para demostrar a los hijos de Israel que su nombre se podía confiar. En el libro de [Romanos 2:11] el apóstol Pablo dijo "Porque no hay acepción de personas para con Dios". Dios no puede hacer algo por alguien que no lo haga por usted. Él no puede amar a esta persona aquí y no amar a esa persona allá. El nombre de Dios está diseñado para producir todo lo que necesiten en ese momento. Si necesitas sanación, su nombre se convierte en sanador. Si necesitan liberación, su nombre se convierte en libertador. Si necesitan la restauración de la familia, su nombre se convierte en la restauración. Si necesitan la salvación su nombre se convierte en la salvación. Lo que necesiten, en eso se convierte su nombre.

El nombre de Jesús está en juego. En [Filipenses 2:9] dice que Dios le ha dado [a Jesús] un nombre que es sobre todo nombre. Sí, Su nombre está por encima de sus situaciones y circunstancias, está por encima de lo que ustedes están enfrentando en este momento. Jesús dijo en el Evangelio de [Juan 14:13-14] "Todo lo que pidáis al Padre en mi nombre yo lo haré". Jesús dice en [Juan 16:23] "Cualquier cosa que pidáis al Padre en mi nombre Él [Dios Padre] se los dará". Dios quiere que usted sepa que Él y todo el cielo está respaldando el nombre de Jesús. ¡Su nombre no puede fracasar!

Razón # 4 Ellos están de su lado:

Así es, toda la Divinidad está de su lado. Esto significa que Dios [el Padre], Jesús [el Rey de Reyes] y el Espíritu

Santo están todos apoyándolos. Miremos algunas escrituras para apoyar esta verdad. En el libro de [Romanos 8:26] dice que el Espíritu Santo está intercediendo por ustedes. En el versículo 31 de ese capítulo dice que "Si Dios está con ustedes, ¿quién puede estar contra ustedes? En el versículo 34 de ese mismo capítulo dice que ¡Cristo está a la diestra del Padre intercediendo por ustedes! Ven mis amigos, no hay manera de que nuestro Padre Celestial no haga lo que necesiten que haga por ustedes. La verdad del asunto es que Él quiere obrar por ustedes. Ellos [el Padre, Hijo y Espíritu Santo] están todos de su lado, deseando que ustedes sean victoriosos en todas las situaciones y circunstancias. Con ellos a su lado ustedes no pueden fracasar. ¡Amén!

Conclusión

Si ustedes quieren ser adoptados por la familia de Dios lo único que tienen que hacer es preguntar. Lo único que tiene que decir es: Jesús, yo sé que fuiste a la cruz por mí. Que moristes para que yo pudiera tener vida. Por favor, ven a mi corazón.

Si usted dice esta sencilla oración, su vida nunca será la misma. Ahora su nombre está escrito en libro de la vida del Cordero.

www.ingramcontent.com/pod-product-compliance
Lightning Source LLC
LaVergne TN
LVHW021743060526
838200LV00052B/3451